THIS BOOK BELONGS TO :

_____

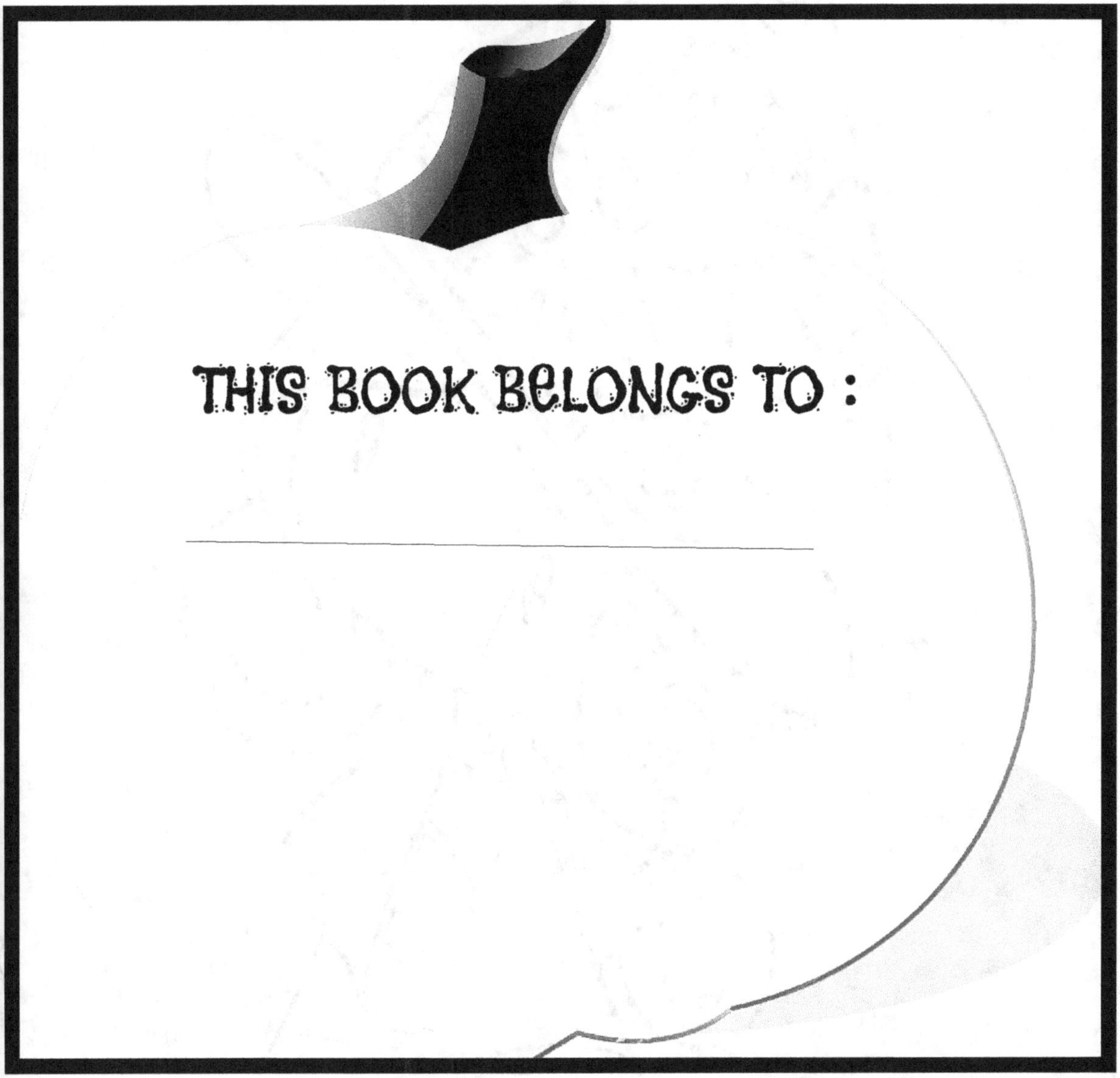

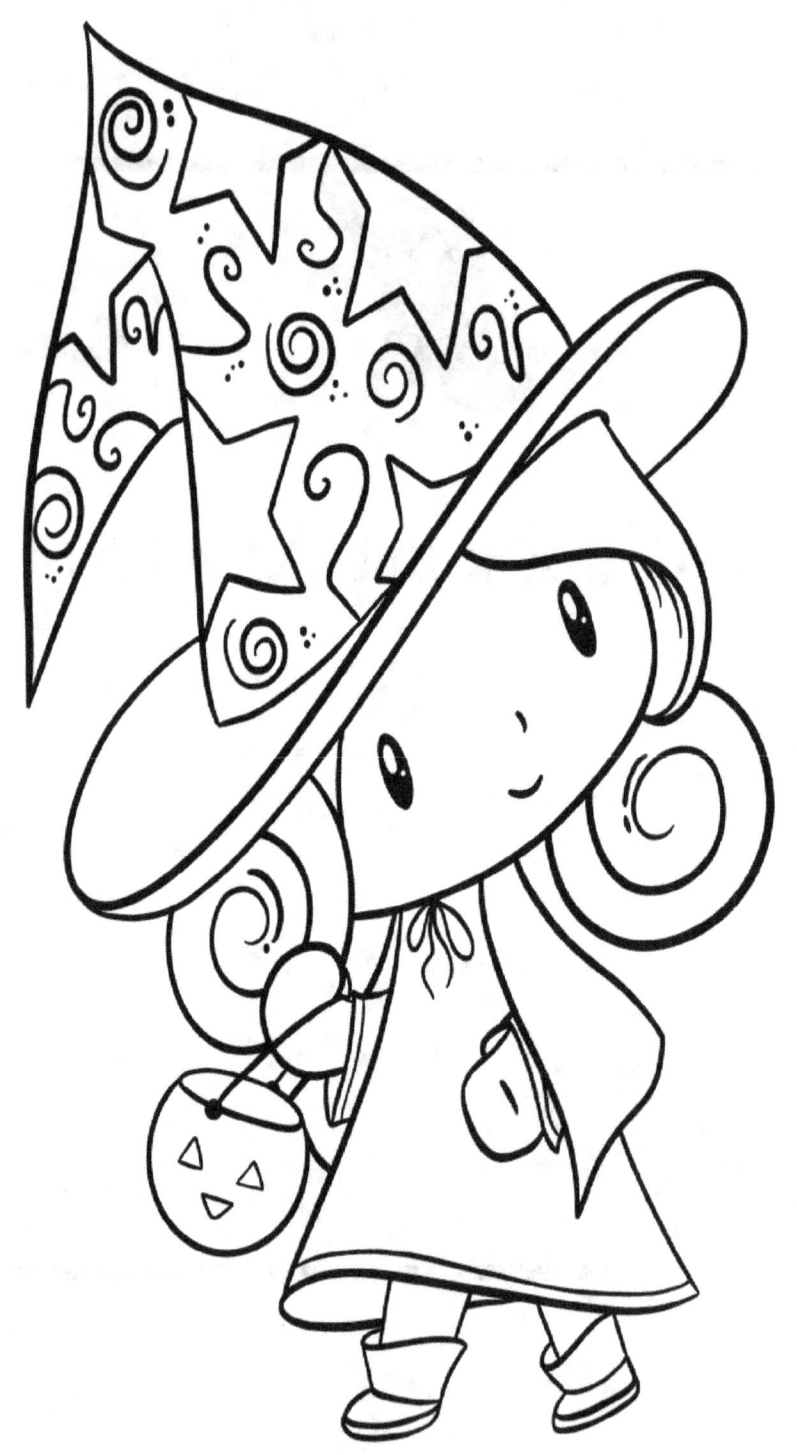

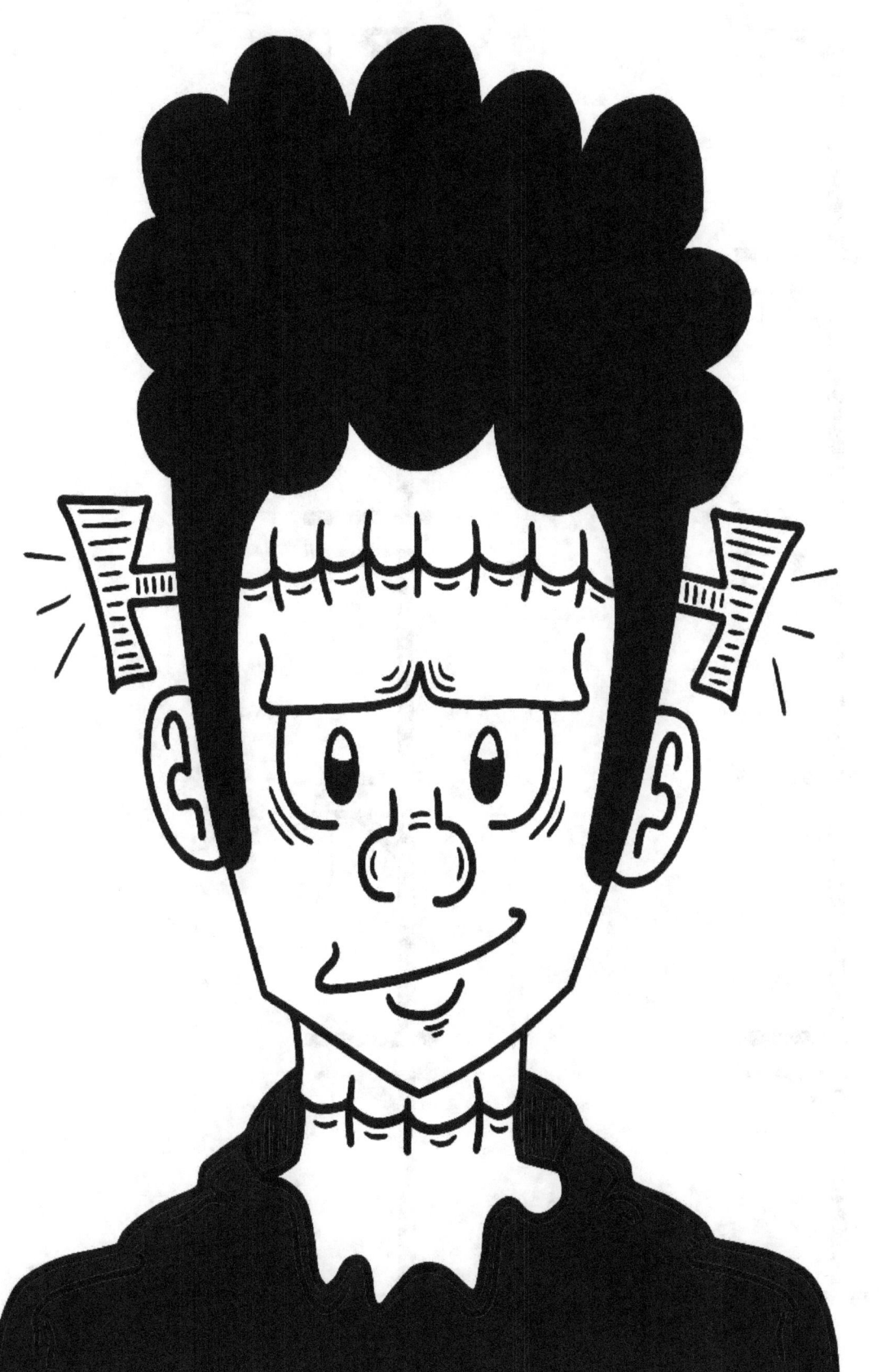

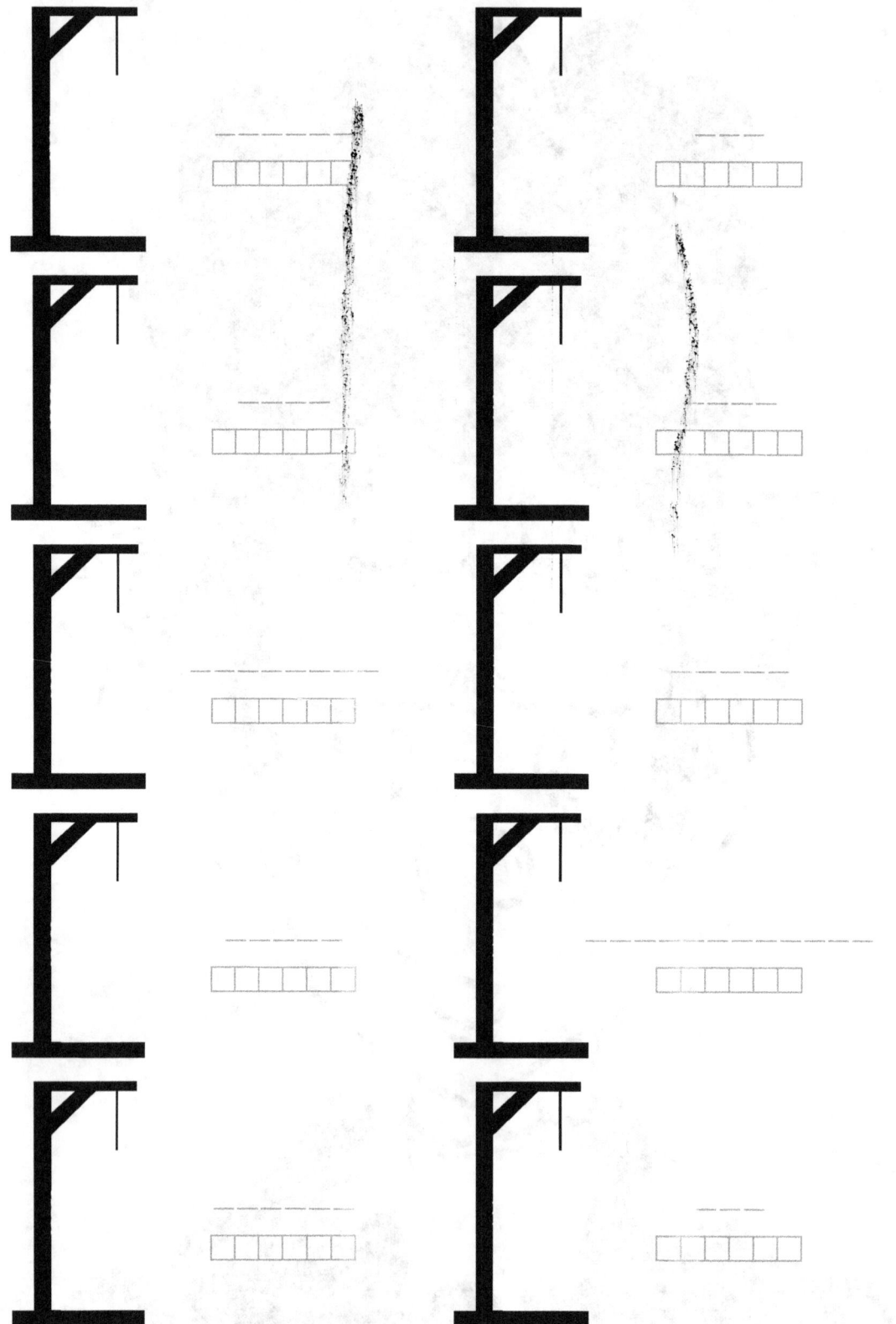

HALLOWEEN WORD SCRAMBLE

rdsiep = _____   dckiwe = _____

ohtsg = _____   oenagr = _____

mymum = _____   olgibn = _____

ipunkpm = _____   mebzoi = _____

ocuesmt = _____   chitw = _____

enmsrot = _____   asmk = _____

ikrtc = _____   rttea = _____

hrtgif = _____   guihantn = _____

bwe = _____   topino = _____

eraocetd = _____   cdrsea = _____

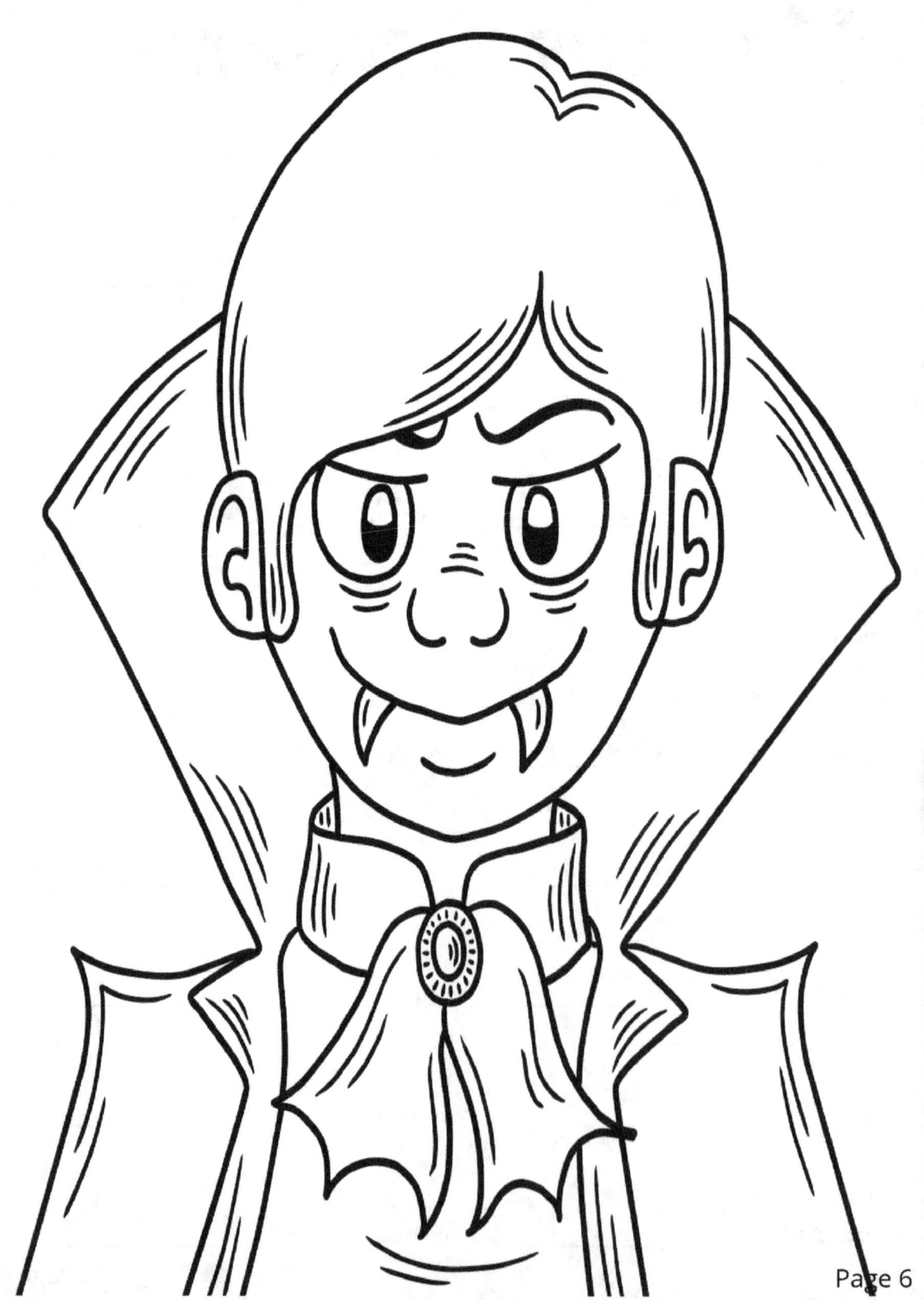

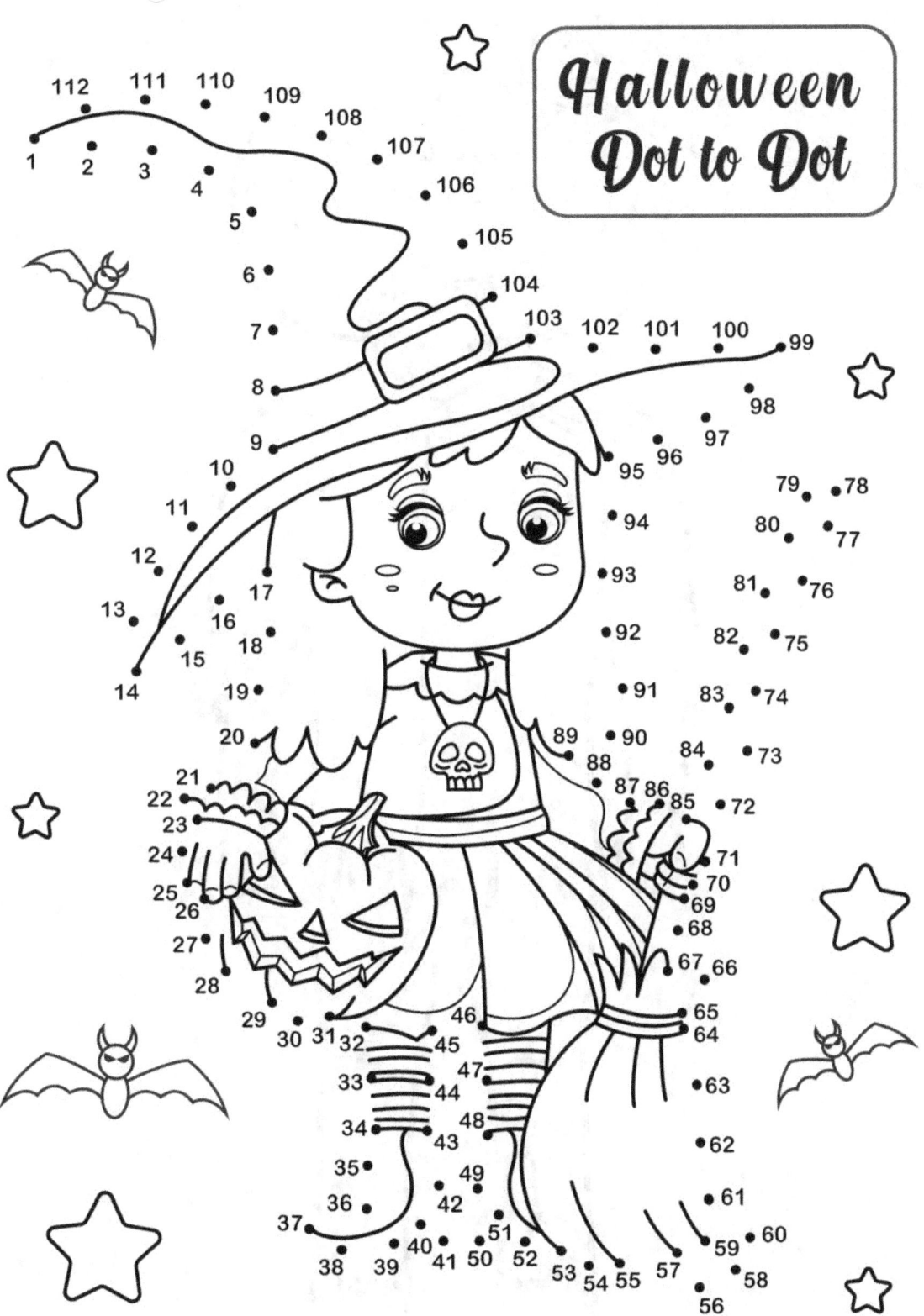

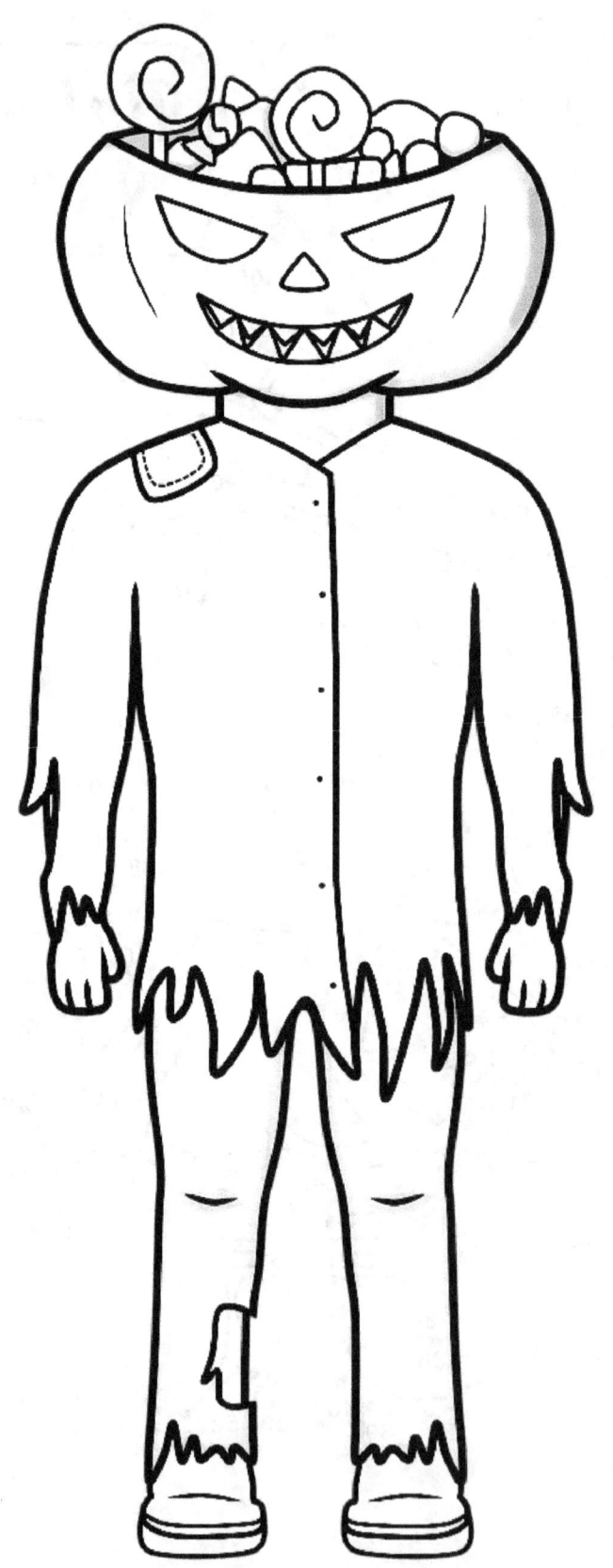

HELP SARAH FIND HER WAY TO HER FRIENDS

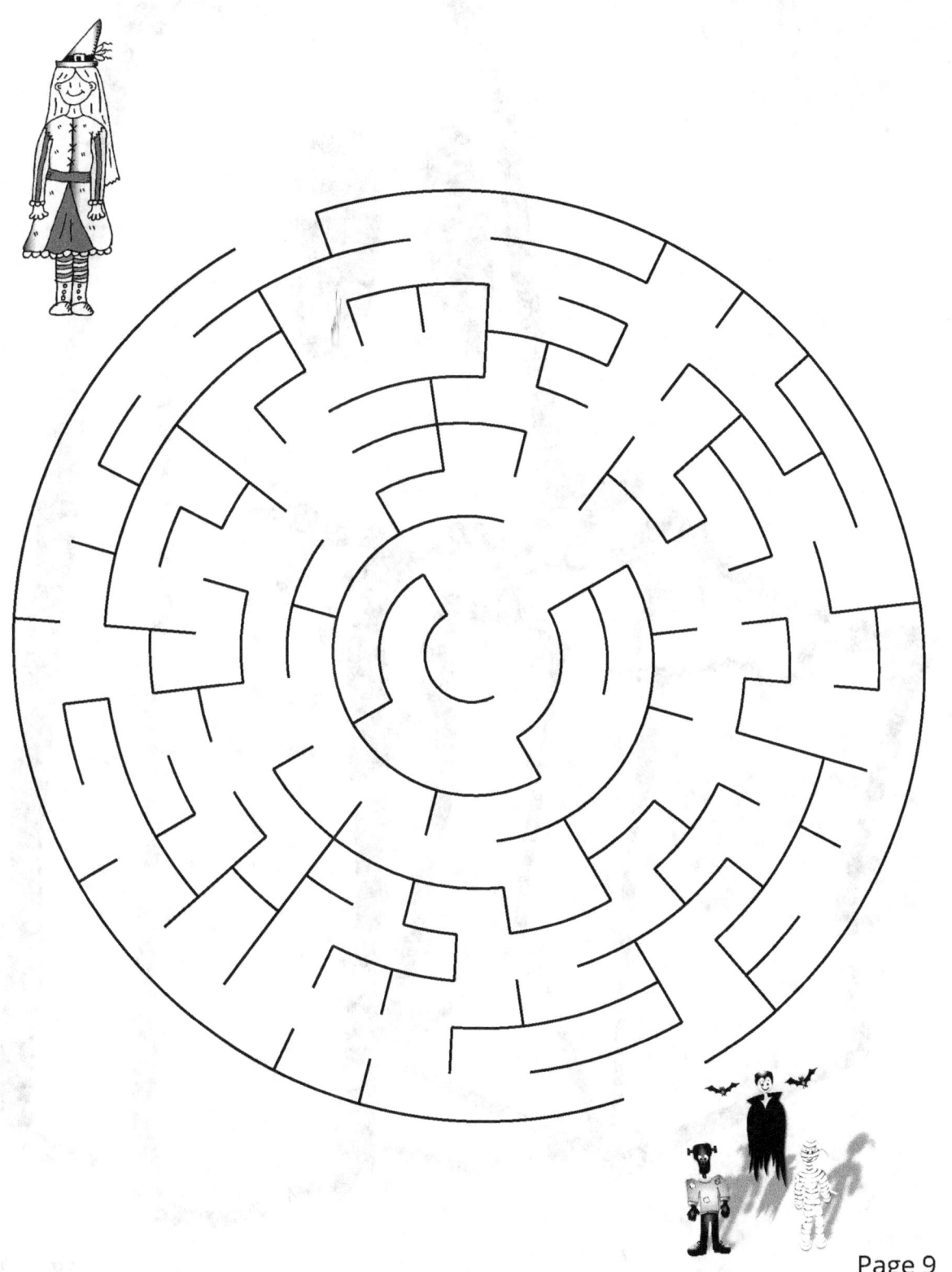

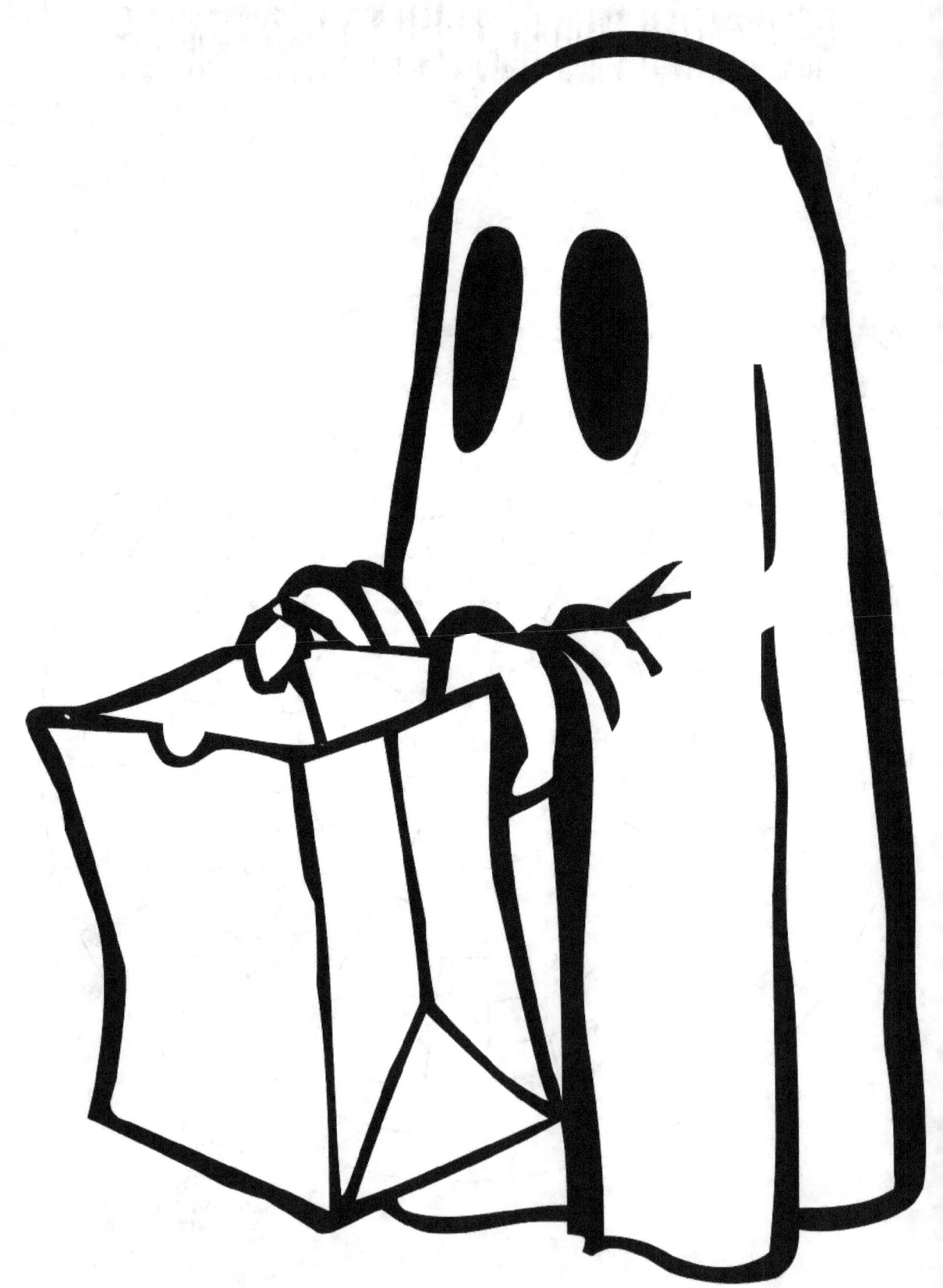

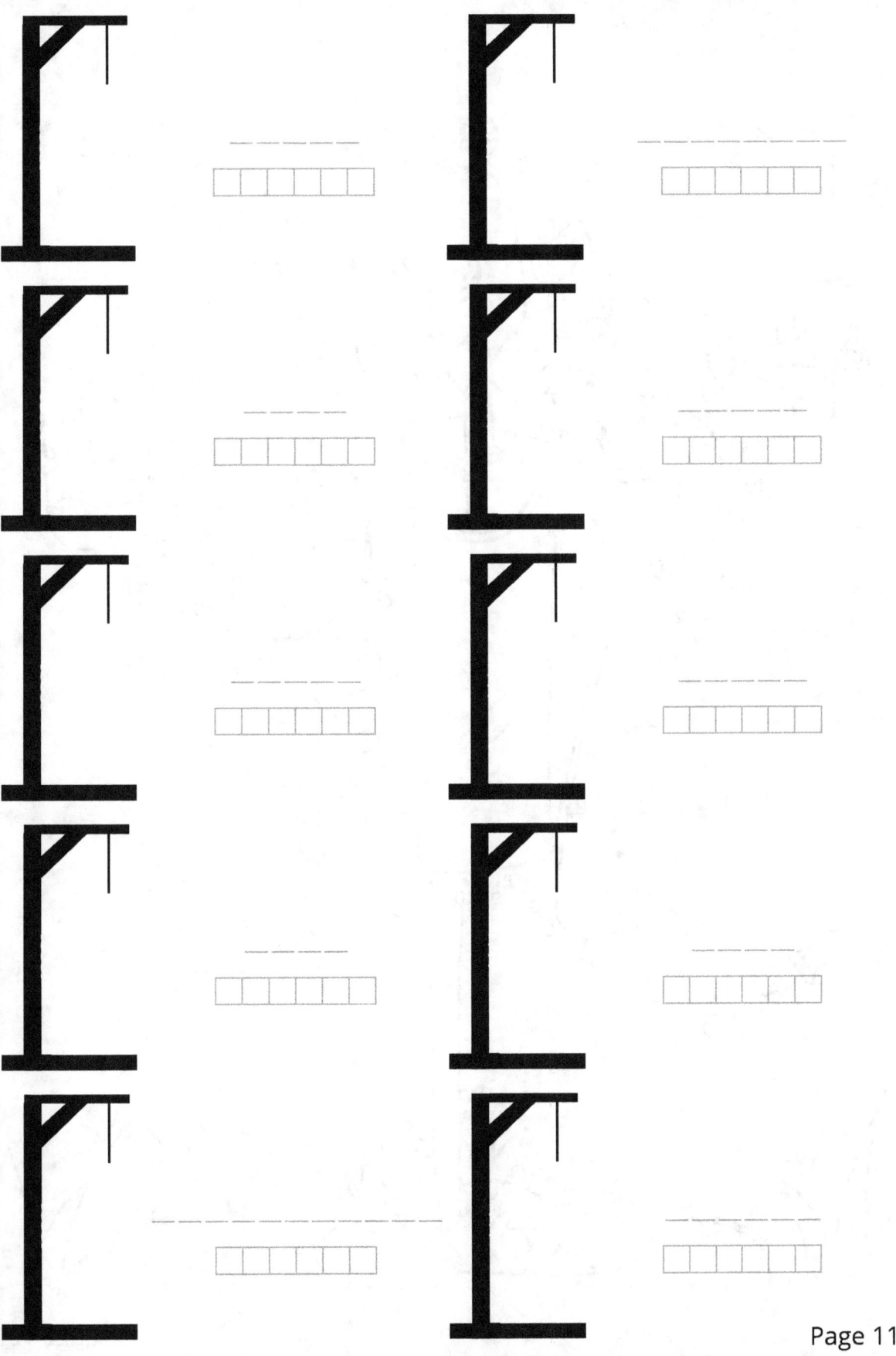

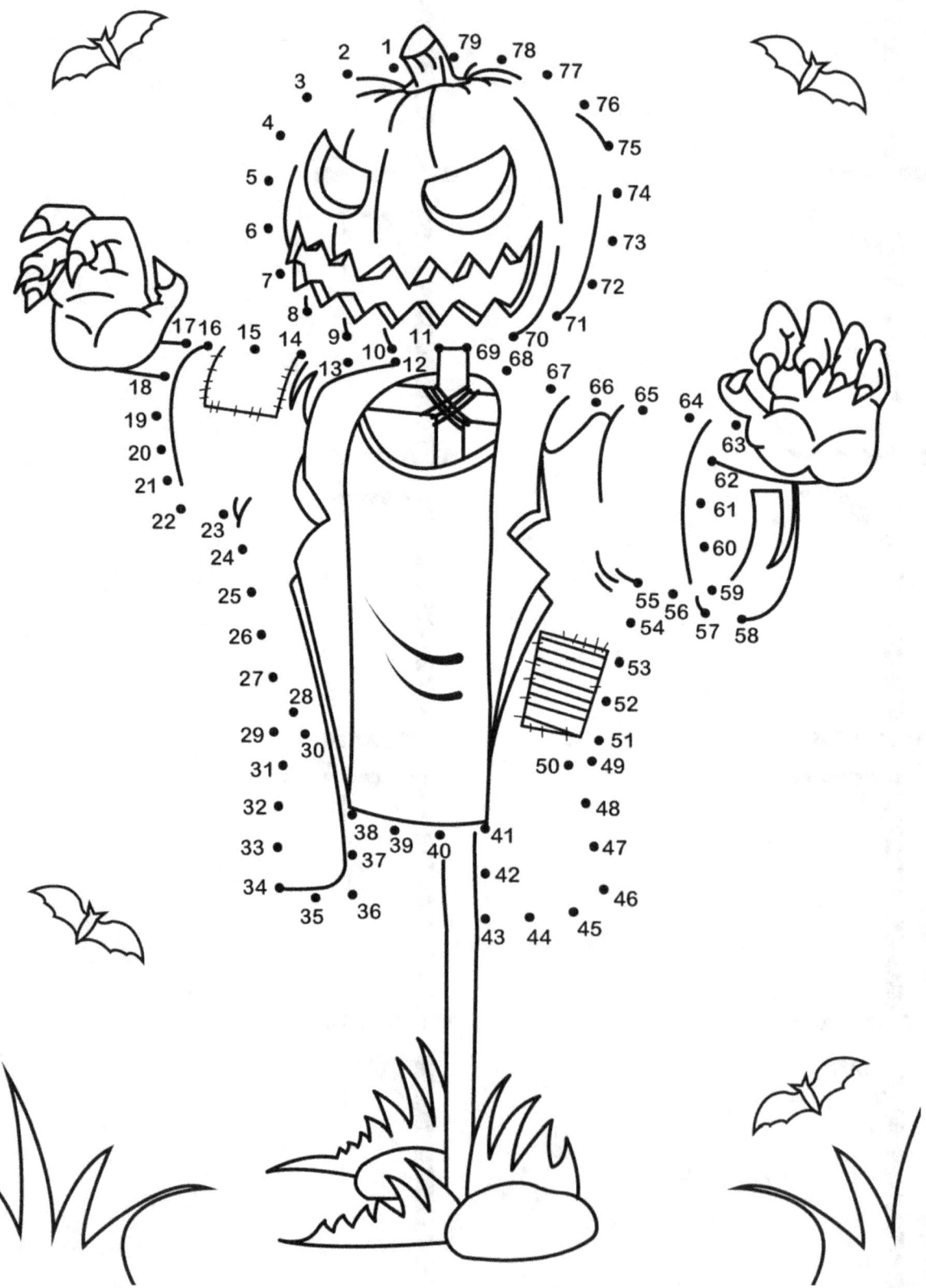

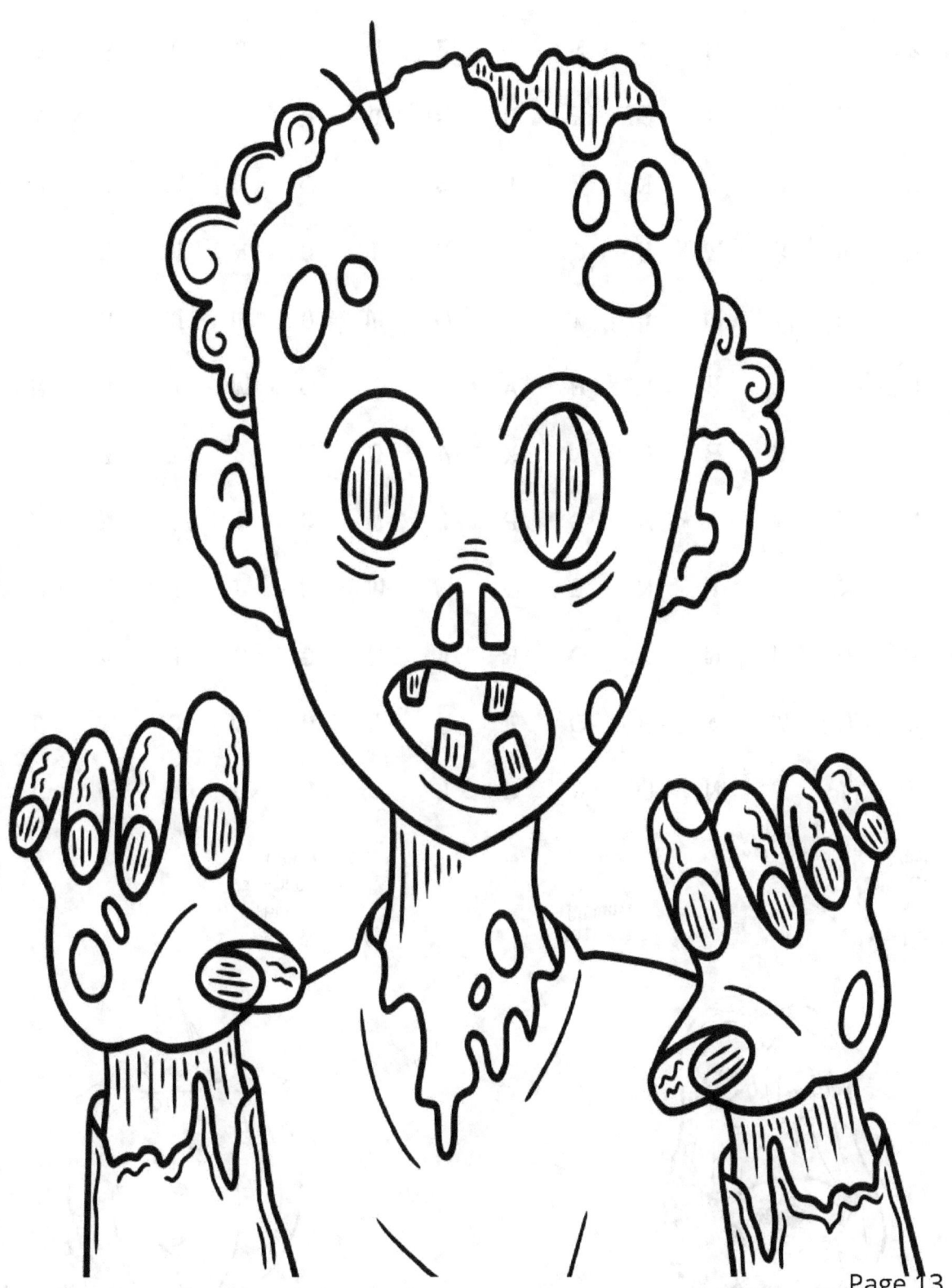

```
O Y W Z S X G P M W M A S K
A T U T P C G O I M Y U B P
Z S B Y O N O Z P H C T Y U
X F B G O R B S D K T U D M
X X H S K E L E T O N M C P
Y M Y W Y Q I Y I U K W Z K
X M S M E W N O M U M M Y I
O I I Y N H A L L O W E E N
P T C R C N X A C T E L S S
N X S A A G P L N C I I N F
O X W F N B Q W W K J Y N J
P D N R D O R A N G E P A A
J H W A Y O J Y B E W O W D
I V P N O J U L E U U J W Y
```

autum
costumes
mask
pumpkin

boo
goblin
mummy
skeleton

candy
halloween
orange
spooky

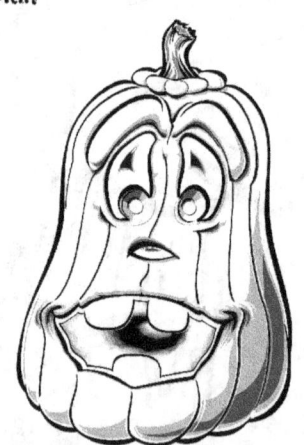
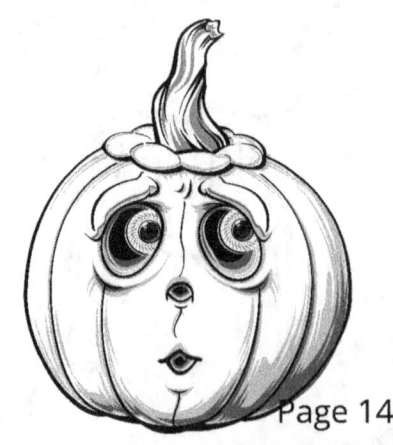

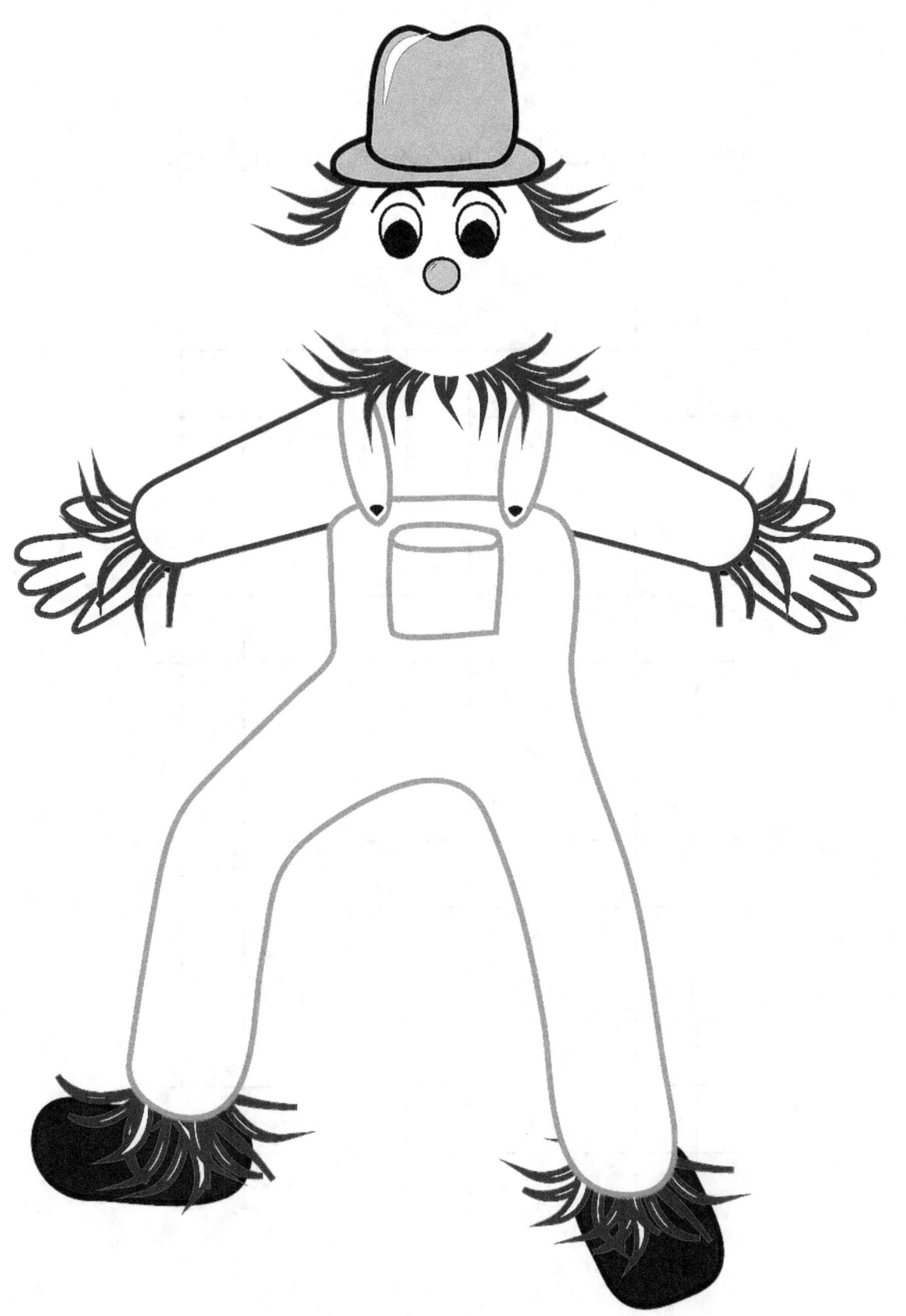

Tic-Tac-Toe

In pairs, takes turns writing X and O. Try to get 3 in a row.

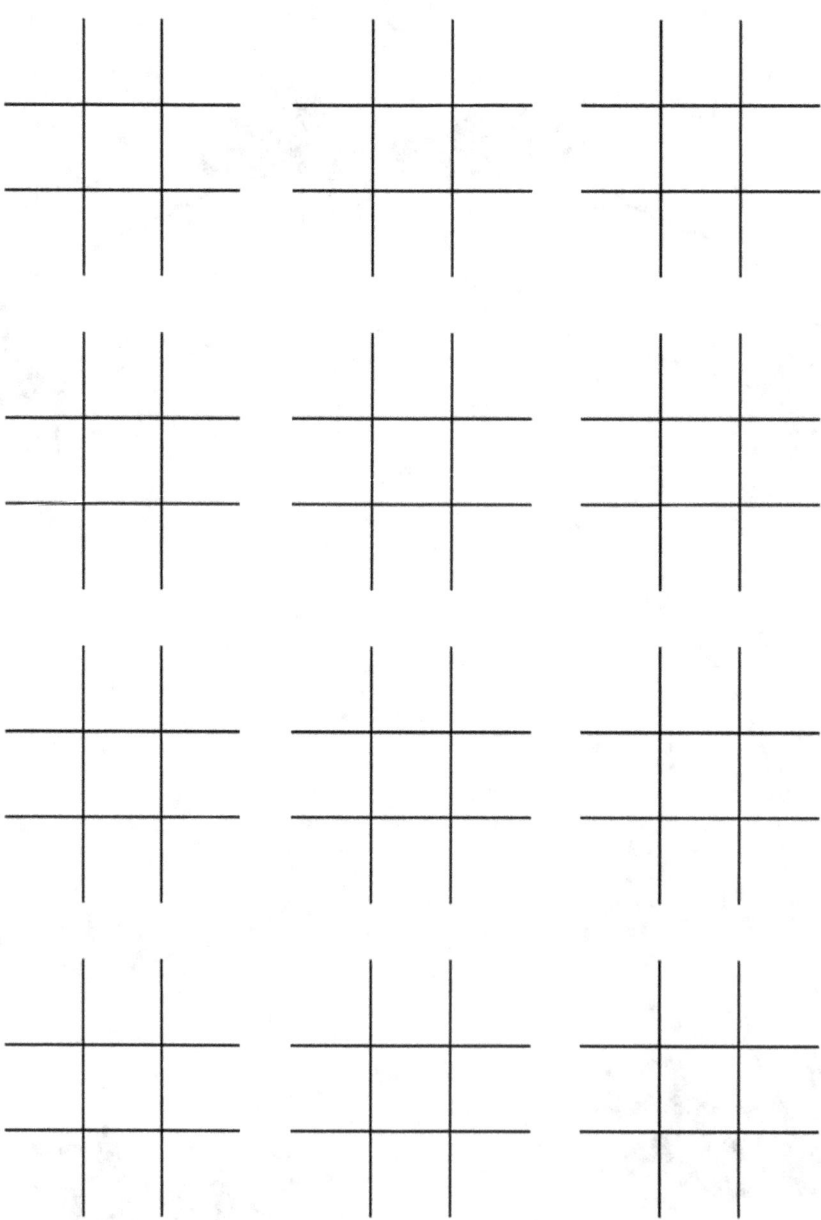

Page 16

FALL WORD SCRAMBLE

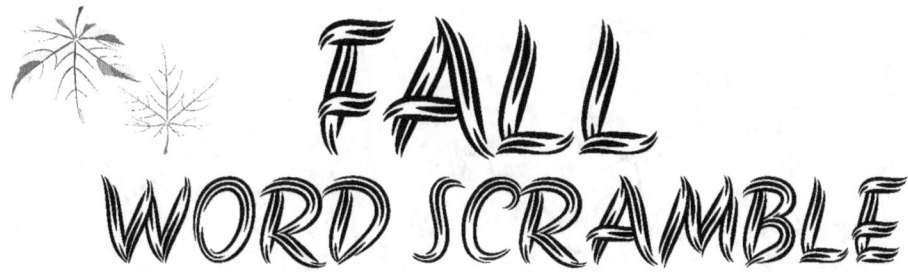

oancr = _____   aplep = _____

rlooclfu = _____   akignb = _____

aisbrre = _____   aanabns = _____

garilc = _____   tmauu = _____

alfl = _____   hsvater = _____

aolbfolt = _____   pecire dlpa = _____

resawte = _____   lleywo = _____

bnrwo = _____   gnroea = _____

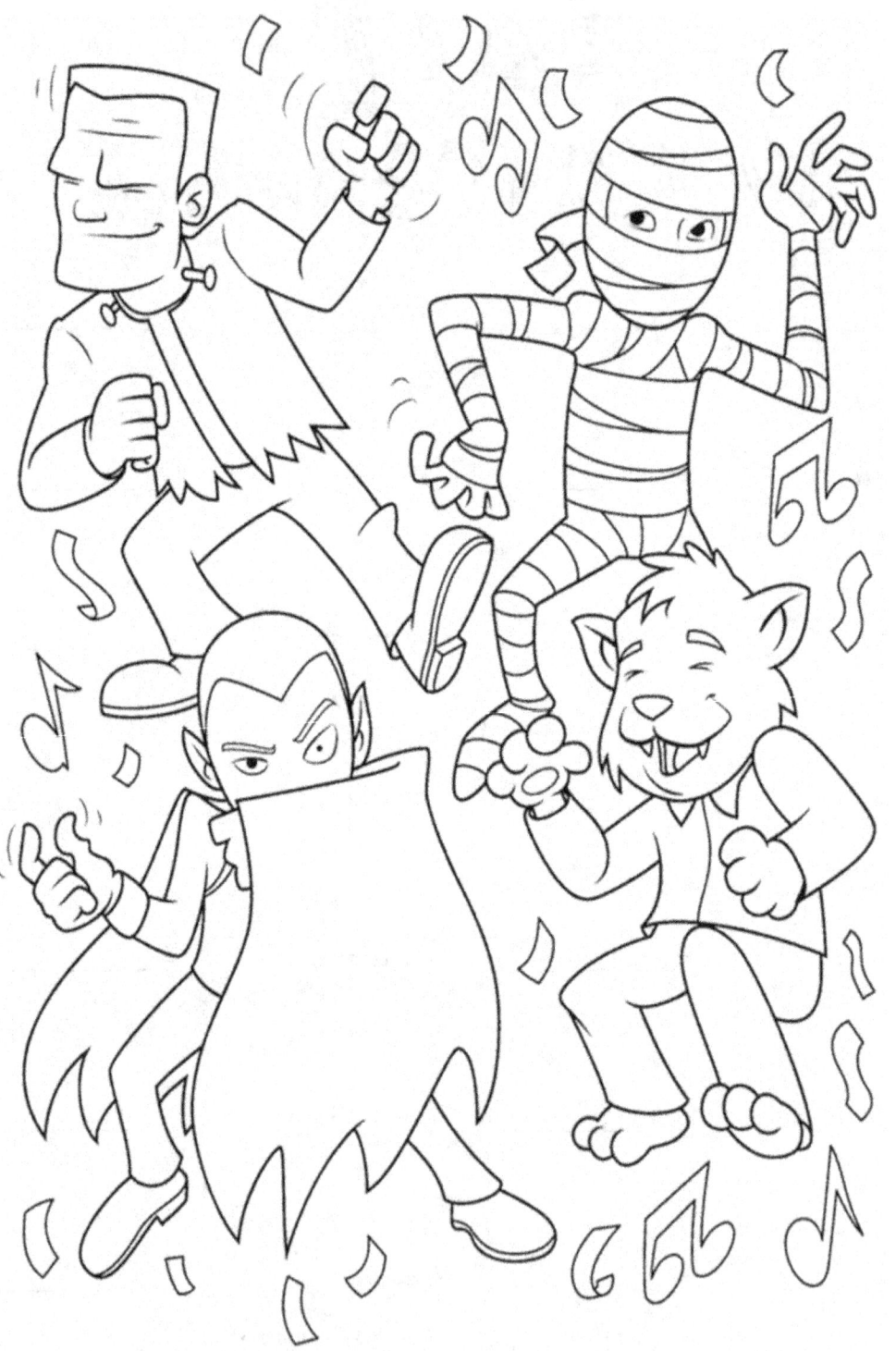

```
G J A C K O L A N T E R N R G Z I
S B R O O M S T I C K E Q O L L X
Q L I F P B Z S C A R E D T W M I
X A L F G G C O C T O B E R W P M
R C H I T H L R R F B N R I I P I
S K N N Y S W V Q N M H C Z T M
U M E K F G U U C M J O B K S J U
B S A B K S F J J Y I M S I F Y H
I X K Z D L X M V B Q H C H Q G F
E R C R E G Z A T M G I V Y V K A
V Y E Z K K Z W R Q Y L R I V S C
T V X L M V E W E T T R F S Q A M
J K K M E R N S A B F O E X K I Q
S Y P E K F Y O T Z Q W Z B M T F
Z S R F K J K W E R E W O L F M N
H Z Z E I G N K M C A T J K L E R
D I C T Q R G C Q J J W R J Z H X
```

black
coffin
scared
trick

broomstick
jackolantern
straw
web

cat
october
treat
werewolf

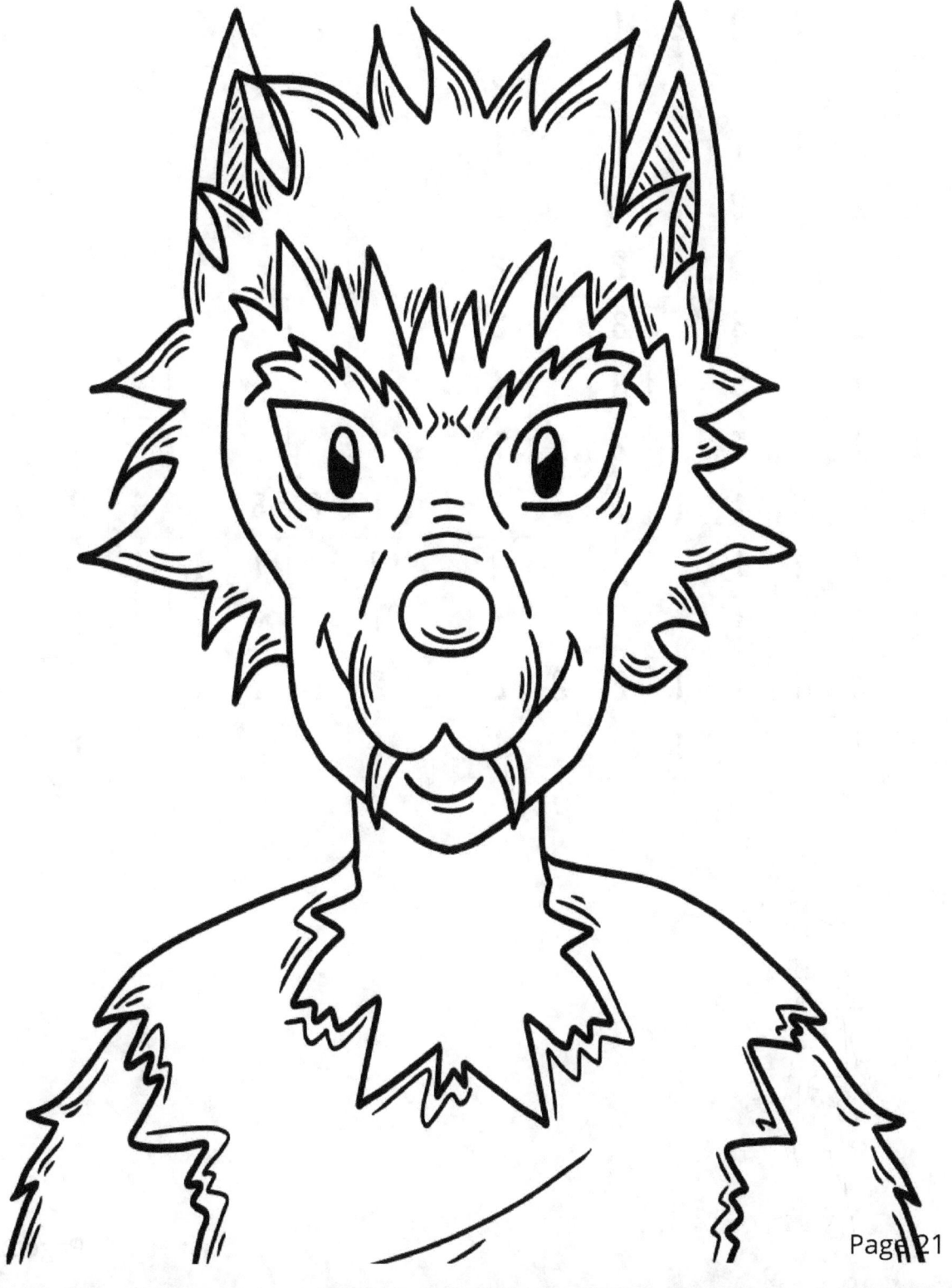

	1						1		1		1		
	1	3					1		1	1	1		
		2			1	1	2	2	1				
		1	2	2	1		2		3	2	3	2	1
							2					2	1	1
	1	1	1				1						
1	2		2	1	1		1						
				2			2						
	2	1	3		3		2						
	1		3		3		1						
1	1		2		2		1						
		1	1	1		1		1	1	3		4	2	1
	1	1	1			2		2		1	1	1	
1	2		1			1		1			1	1	1
	2	1	1	1	2	2	2	1	2	1	1	1		1
	1			1		1		1					1

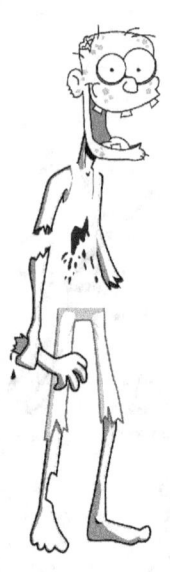

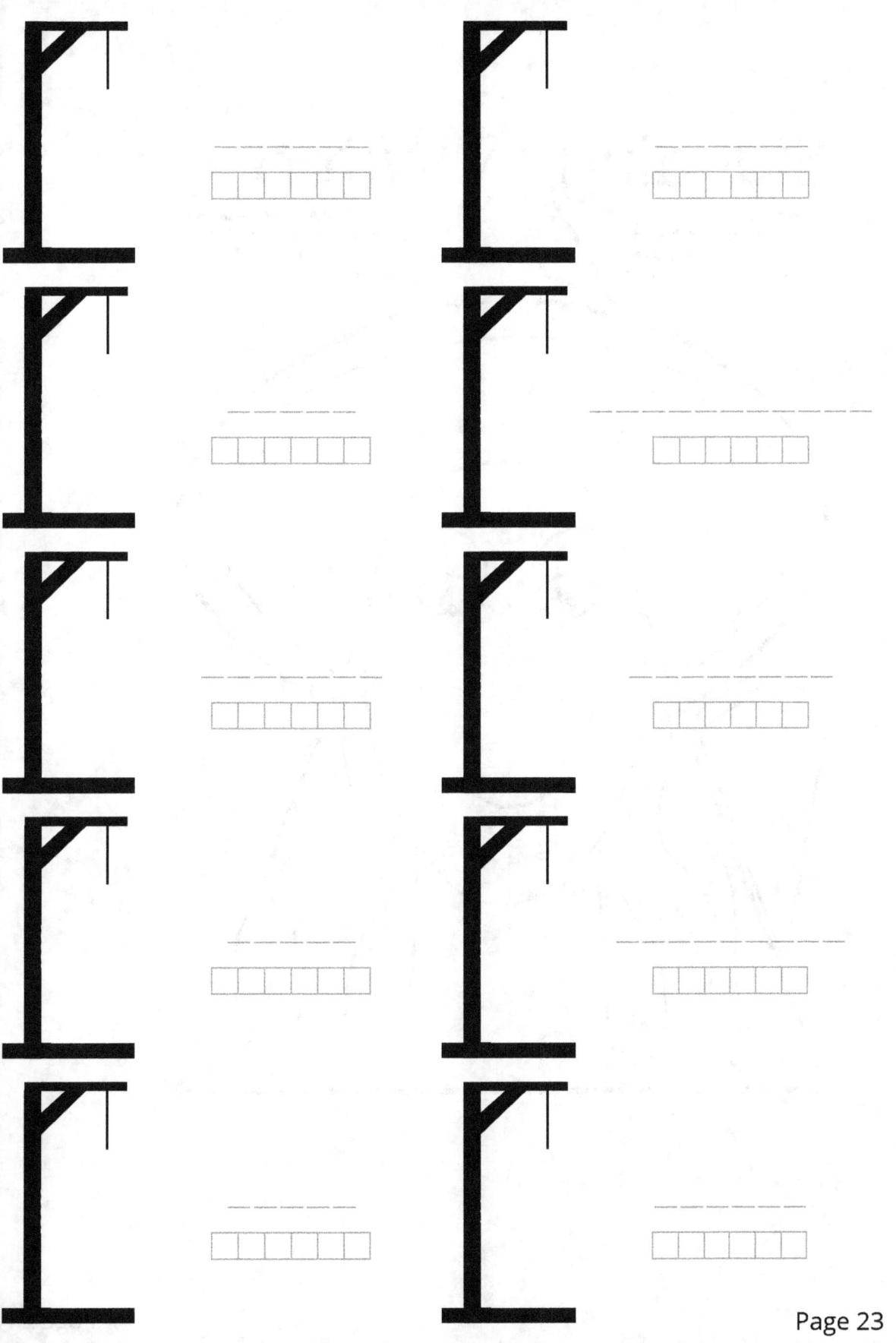

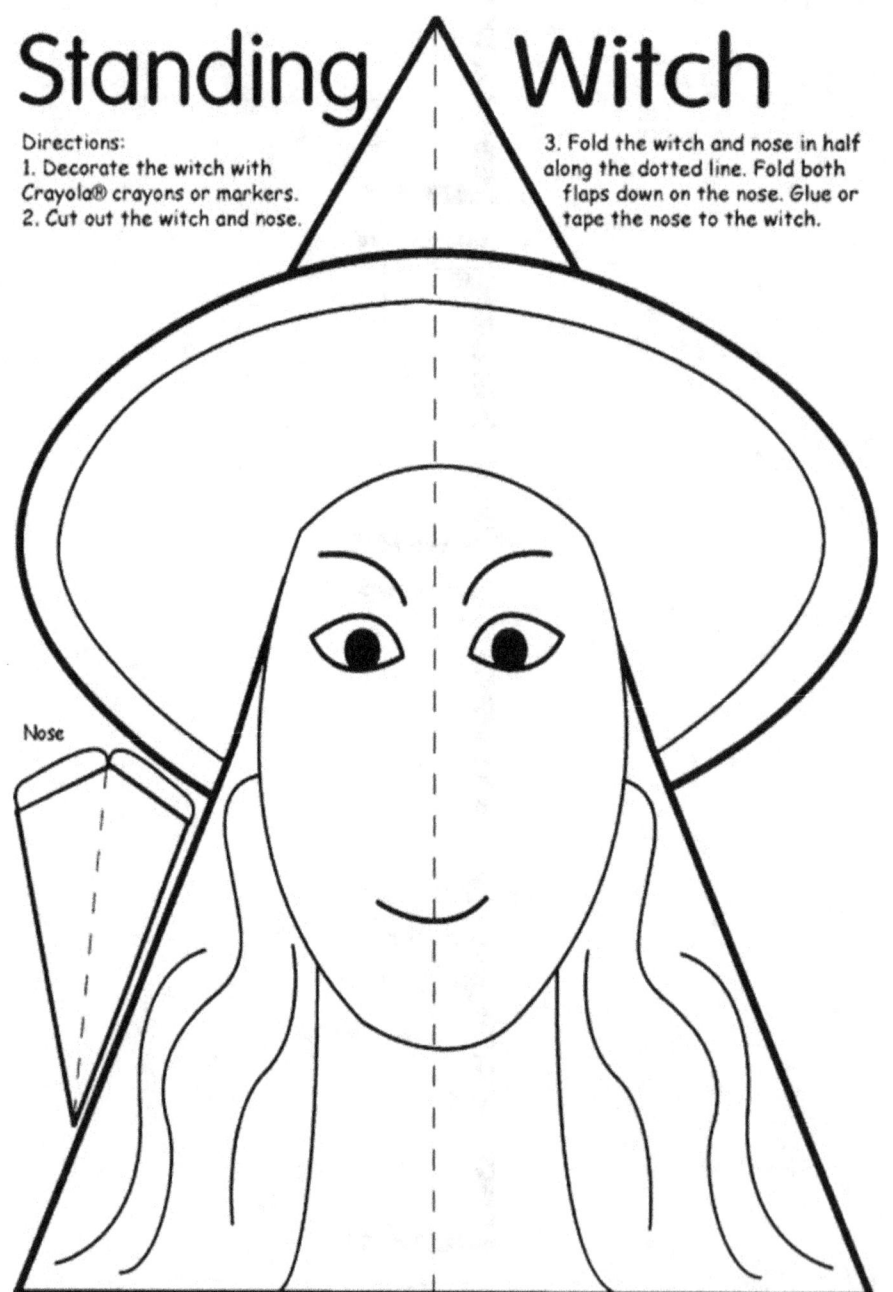

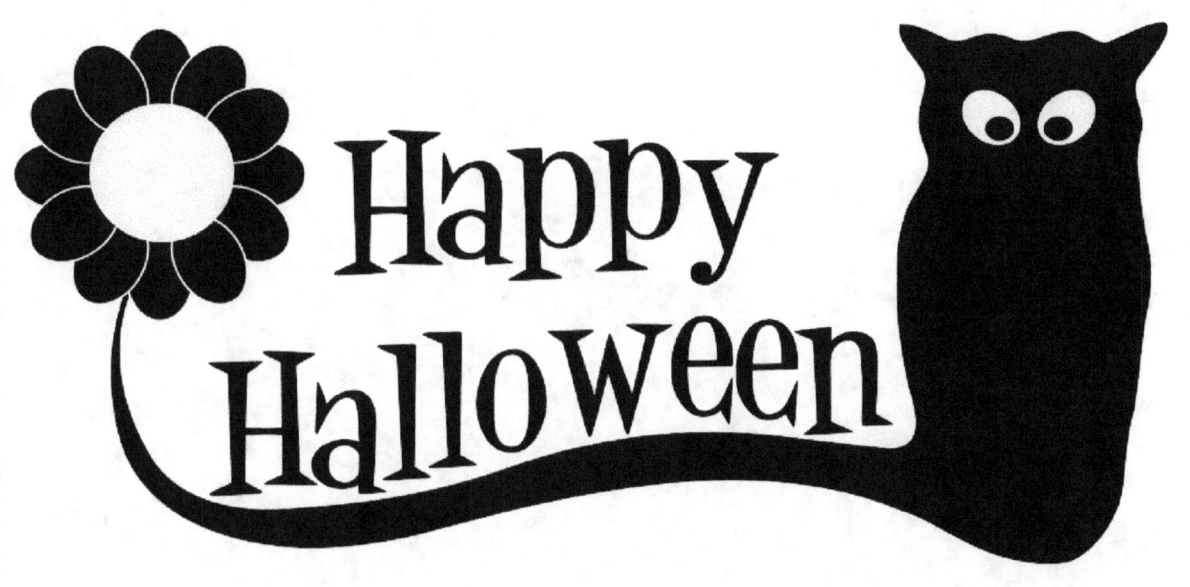

www.ingramcontent.com/pod-product-compliance
Lightning Source LLC
Chambersburg PA
CBHW080440220526
45465CB00009B/3365